SELEÇÃO DE
PENSAMENTOS MODERNOS E CITAÇÕES

Ser Mulher

EDITORA
Gaia

Copyright © Alicat Trading Pty Ltd, 2011
Images used under licence from Shutterstock.com and Thinkstock.com

1ª edição, Editora Gaia, São Paulo 2014

Diretor Editorial
Jefferson L. Alves

Gerente de Produção
Flávio Samuel

Coordenadora Editorial
Sandra Regina Fernandes

Tradução
Denise Bolanho

Revisão
Alexandra Resende

CIP-Brasil. Catalogação na Publicação
Sindicato Nacional dos Editores de Livros, RJ

M846s

Horgan, Ali
 Ser mulher : uma seleção de pensamentos e citações modernas / Ali Horgan ; tradução Denise Bolanho. – 1. ed. – São Paulo : Gaia, 2014.

 120 p. : il.

 Tradução de: I am woman
 ISBN 978-85-7555-388-6

 1. Mulheres – Citações. I. Título.

13-07180
CDD: 305.4
CDU: 316.346.2-055.2

Direitos Reservados

EDITORA GAIA LTDA.
(pertence ao Grupo Editorial Global)

Rua Pirapitingui, 111-A – Liberdade
CEP 01508-020 – São Paulo – SP
Tel.: (11) 3277-7999 – Fax: (11) 3277-8141
e-mail: gaia@editoragaia.com.br
www.editoragaia.com.br

Obra atualizada conforme o **Novo Acordo Ortográfico da Língua Portuguesa**

Colabore com a produção científica e cultural.
Proibida a reprodução total ou parcial desta obra sem a autorização do editor.

Nº de catálogo: 3631

Prefácio

Mulheres podem ser mães, companheiras, esposas, avós, porém o mais importante é que elas podem ser as suas melhores amigas.

Enquanto vivemos nossos momentos, nós crescemos, aprendemos, amamos, toleramos umas às outras e fazemos tudo isso com compaixão.

Dizem que só uma mulher pode realmente compreender outra mulher, e as citações e a sabedoria a seguir são de mulheres conhecidas e desconhecidas.

Algumas destas palavras são inspiradoras, algumas podem ser engraçadas e outras sábias, mas todas capturam a essência de um momento nos pensamentos de uma mulher, que define quem ela é.

Essas citações oferecem *insight*, humor, amor e anseios, lições e questões. Após a sua leitura, você perceberá que não está sozinha em seus pensamentos, paixões e esforços.

Somos mulheres e não poderia ser diferente.

Sou mulher, ouça-me rugir
Em números altos demais para ignorar
E eu sei demais para voltar e fingir
Porque já ouvi tudo isso antes
E estive lá no chão
E nunca mais ninguém vai me manter no chão novamente
Oh, sim, sou sábia
Mas é uma sabedoria nascida da dor
Sim, eu paguei o preço
Mas veja o quanto ganhei
Se necessário, posso fazer qualquer coisa
Sou forte (forte)
Sou invencível (invencível)
Sou mulher.

HELEN REDDY
Cantora e atriz australiana (1941–)

Quando percebemos
o valor de toda a vida,
nos preocupamos menos
com o que é passado
e nos concentramos mais
na preservação do futuro.

DIAN FOSSEY
Zoóloga americana (1932–1985)

Até que todas tenhamos conseguido,
nenhuma de nós conseguiu.

ROSEMARY BROWN
Política canadense (1930–2003)

As pessoas me chamam de feminista
sempre que expresso sentimentos
que me diferenciam
de um capacho.

REBECCA WEST
Autora inglesa (1892–1983)

Meu marido disse que queria
ter um relacionamento
com uma ruiva,
então eu tingi os cabelos.

JANE FONDA
Atriz, escritora e ativista política americana (1937–)

Você não pode escolher
como nem quando vai morrer.
Você só pode decidir
como vai viver agora.

JOAN BAEZ
Cantora de música folk, compositora e ativista americana (1941–)

Meu coração está no lugar certo.
Eu sei.
Porque eu o escondi lá.

CARRIE FISHER
Romancista, roteirista e atriz americana (1956–)

A vida é algo que nos acontece
quando estamos fazendo outros planos.

MARGARET ELLIS MILLER
Premiada escritora canadense (1915–1994)

Se você dá sua vida como uma resposta incondicional ao amor, então o amor lhe responderá incondicionalmente.

MARIANNE WILLIAMSON
Autora e líder espiritual americana (1952–)

Coloque um pouco de crítica
entre duas fatias grossas de elogio.

MARY KAY ASH
*Empresária americana fundadora
da* Mary Kay Cosmetics *(1918–2001)*

Sou uma excelente dona de casa.
Sempre que me divorcio,
fico com a casa.

ZSA ZSA GABOR
Atriz húngaro-americana (1917–)

A maternidade tem um efeito muito humanizador.
Tudo fica reduzido ao essencial.

MERYL STREEP
Atriz americana (1949–)

Os erros são um fato da vida.
É a resposta ao erro que conta.

NIKKI GIOVANNI
Poeta, ativista e autora americana (1943–)

Atrás de todo homem bem-sucedido há uma mulher surpresa.

MARYON PEARSON
Ex-primeira-dama do Canadá (1901–1989)

Eu tenho escolha?
Quando perguntada pela imprensa
se estava "se candidatando como mulher".

PATRICIA SCHROEDER
Política americana (1940–)

O sucesso pode nos afetar de duas maneiras.
Ele pode nos tornar prima-donas, ou pode suavizar as arestas, eliminar as inseguranças, deixar coisas boas aflorar.

BARBARA WALTERS
Jornalista de TV e autora americana (1929–)

Nunca empreste o seu carro
para alguém a quem você deu à luz.

ERMA BOMBECK
Comediante americana (1927–1996)

As mulheres comuns são,
em certo sentido,
os meus verdadeiros modelos.

MARIAN WRIGHT EDELMAN
Ativista americana dos direitos das crianças (1939–)

Prefiro a palavra companheira,
porque dona-de-casa sempre sugere
que pode haver uma esposa
em algum outro lugar.

BELLA ABZUG
*Advogada, congressista e
ativista social americana (1920–1998)*

A melhor maneira de manter as crianças em casa
é tornar o ambiente agradável
e esvaziar os pneus.

DOROTHY PARKER
Escritora, poeta e crítica americana (1893–1967)

Descobri que a paciência
não é a habilidade de esperar,
mas a habilidade de manter
uma boa atitude enquanto se espera.

JOYCE MEYER
Autora e oradora americana (1943–)

Somente boas meninas mantêm diários.
Meninas más não têm tempo.

TALLULAH BANKHEAD
Atriz e apresentadora de programa de entrevistas (1902–1968)

Sei que o sucesso
é mais do que uma boa ideia.
É também *timing*.

ANITA RODDICK
Fundadora inglesa do The Body Shop *(1942–2007)*

Em questão de moda
o meu gosto se baseia
mais naquilo que não coça.

GILDA RADNER
Atriz e comediante americana (1946–1989)

Se você sabe que vai fracassar, então fracasse gloriosamente.

CATE BLANCHETT
Atriz e diretora australiana (1969–)

Eu não me ofendo
com todas as piadas sobre loiras burras
porque sei que não sou burra...
E também sei
que não sou loira.

DOLLY PARTON
Cantora, compositora e atriz americana (1946–)

Algumas vezes
a força da maternidade
é maior do que as leis naturais.

BARBARA KINGSOLVER
Autora, ensaísta e poeta americana (1955–)

A boa comunicação é tão estimulante
quanto um café preto,
e igualmente difícil para dormir depois.

ANNE MORROW LINDBERGH
Aviadora americana (1906–2001)

Não espere por líderes;
faça sozinho,
pessoa a pessoa.

MADRE TERESA
*Missionária indiana
e ganhadora do Prêmio Nobel (1910–1997)*

Não há nada mais forte
no mundo do que a gentileza.

HAN SUYIN
Autora chinesa (1917– 2012)

Tudo é possível
se você tem coragem suficiente.

J.K. ROWLING
Autora inglesa (1965–)

Não que eu acredite que você pode ter tudo:
acredito que você pode ter tudo,
só que não ao mesmo tempo.

CINDY CRAWFORD
Modelo americana (1966–)

Não aceite a admiração do seu cão
como evidência definitiva
de que você é maravilhosa.

ANN LANDERS
Colunista americana (1918–2002)

Na política, se você deseja que qualquer coisa seja dita,
peça a um homem;
se você deseja que qualquer coisa seja feita,
peça a uma mulher.

MARGARET THATCHER
Ex-primeira ministra do Reino Unido (1925–2013)

Quem você está vestindo?

PARIS HILTON
Socialite americana (1981–)

Eu quero caminhar pela vida
em vez de ser arrastada por ela.

ALANIS MORISSETTE
Cantora canadense (1974–)

Quanto mais você louva e celebra a sua vida,
mais há na vida para celebrar.

OPRAH WINFREY
*Apresentadora de televisão, atriz, produtora
e filantropa americana (1954–)*

Você sabe que é amor
quando tudo o que você quer
é que aquela pessoa seja feliz,
mesmo que você não faça parte da sua felicidade.

JULIA ROBERTS
Atriz americana (1967–)

Quando nada é certo,
tudo é possível.

MARGARET DRABBLE
Autora, biógrafa e crítica inglesa (1939–)

O segredo para ter uma vida pessoal
é não responder muitas perguntas sobre o assunto.

JOAN COLLINS
Atriz e autora inglesa (1933–)

Seja sempre boa para os seus filhos porque são eles que vão escolher a sua casa de repouso.

PHYLLIS DILLER
Atriz e comediante americana (1917–2012)

Meu namorado e eu terminamos.
Ele queria casar
e eu não queria que ele casasse.

RITA RUDNER
Comediante, escritora e atriz americana (1953–)

O problema com algumas mulheres é que
elas ficam excitadas com qualquer coisa,
e então casam com ela.

CHER
Cantora, atriz, diretora e produtora musical americana (1946–)

O grande e quase único consolo de ser mulher
é que sempre podemos fingir
ser mais estúpidas do que somos
e ninguém se surpreende.

FREYA STARK
Escritora de viagens inglesa, nascida na França (1893–1993)

Os anos mais difíceis na vida
são aqueles entre os dez e os setenta.

HELEN HAYES
Atriz americana (1900–1993)

Há uma fonte da juventude:
a sua mente, os seus talentos,
a criatividade que você traz para a sua vida
e para a vida das pessoas que você ama.
Quando você aprender a utilizar essa fonte,
terá verdadeiramente derrotado a idade.

SOPHIA LOREN
Atriz italiana (1934–)

Deus deu às mulheres intuição e feminilidade.
Utilizadas corretamente, a combinação facilmente
confunde o cérebro de qualquer homem que já conheci.

FARRAH FAWCETT
Atriz americana (1947–2009)

Se saltos altos fossem tão maravilhosos,
os homens ainda os estariam usando.

SUE GRAFTON
Autora americana (1940–)

Se você não está irritando alguém,
não está realmente viva.

MARGARET ATWOOD
Poeta, novelista e ativista ambiental canadense (1939–)

Já estive em tantos encontros às cegas,
que deveria ganhar um cão.

WENDY LIEBMAN
Comediante stand-up *americana (1961–)*

Não quero chegar ao fim da minha vida
e descobrir que vivi apenas o seu comprimento.
Eu quero ter vivido também a sua largura.

DIANE ACKERMAN
Autora, poeta e naturalista americana (1948–)

Vemos muitos homens inteligentes
com mulheres burras,
mas raramente vemos
uma mulher inteligente com um homem burro.

ERICA JONG
Autora e professora americana (1942–)

Algumas de nós
estamos nos tornando
os homens com quem queremos casar.

GLORIA STEINEM
Feminista, jornalista e ativista americana (1934–)

Como é importante para nós reconhecer e celebrar nossos heróis e heroínas.

MAYA ANGELOU
Autobiógrafa e poeta afro-americana (1928–)

Quando os homens chegam aos sessenta anos
e se aposentam, ficam arrasados.
As mulheres vão direto para a cozinha.

GAIL SHEEHY
Escritora e conferencista americana (1937–)

Os braços de uma mãe
são mais reconfortantes
do que os de qualquer pessoa.

DIANA, PRINCESA DE GALES
*Membro da família real britânica
e humanitária (1961–1997)*

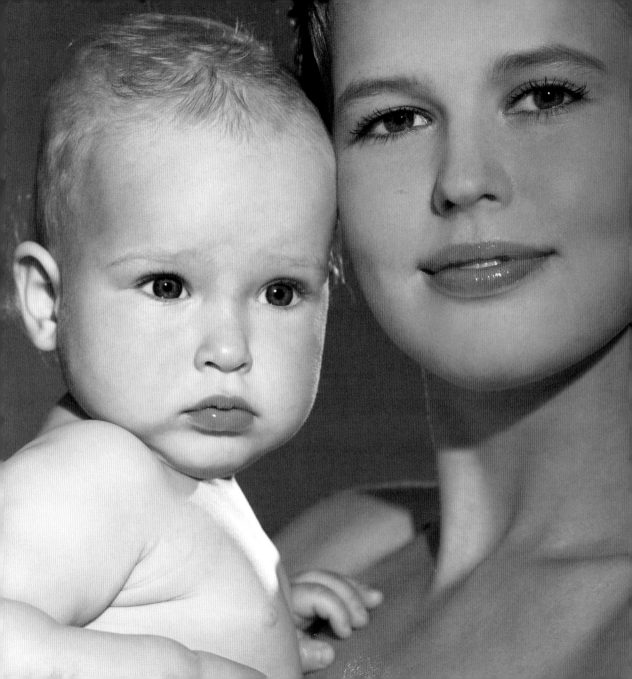

Se verdade é beleza,
por que ninguém arruma
os cabelos na biblioteca?

LILY TOMLIN
Atriz, comediante, escritora e produtora americana (1939–)

Não espere algo grande acontecer.
Comece onde você está,
com o que você tem
e isso sempre a levará para algo maior.

MARY MANIN MORRISSEY
Ministra americana do Movimento Novo Pensamento (1949–)